KB120105

엄마의 봄

엄마의 봄

엄마의 쓸쓸했던 봄,

3년 후 그 위로 밀려온
아들의 새로운 봄

소재웅 지음

엄마의 마지막 봄은
쓸쓸했다

그 봄 후
3년 즈음 흘러

생명이 감지된다
조금씩, 조금씩

목차

추천의 글

2023년 3월 8일, 카톡으로 소재웅 작가님의 첫 시가
도착했습니다.

작가님의 시를 읽으며 함께 분노하고, 환호하고, 소리치고,
슬퍼하다 보니 어느새 그 구절들이 제 삶을 이해해 주고
있음을 발견했습니다. 이후 "제 시의 제1독자 박송아
선생님께 추가된 시를 보내드립니다"라는 인사로
시작되는 메시지가 도착하는 날을 무척 기다렸습니다.

〈엄마의 봄〉은 죽음과 삶 앞에서 가벼운 환호를 한 건
아닌지 깊이 성찰하며 겸손해진 사람, 매일 태어나는 수천
가지 아픔 속에서 세미한 소리를 소중히 들을 줄 아는
사람, 쉬운 길보다는 깊은 길을 택한 사람의 글입니다.
상실로 인해 갖게 된 새로운 정체성에 직면하며 일렁이는
슬픔을 껴안고 살기로 결정한 사람의 노래입니다.
그렇기에 작가님의 사적인 애도는 제게도 위로로
다가옵니다.

작가님의 첫 시집 발간을 축하합니다.
계속되는 애도를 응원합니다.
애도의 중간에 다시, 봄을 누리기 시작하신 것이 기쁩니다.

모든 상실을 겪은 이들에게, 나 때문에 혹여 누군가
조금이라도 다칠까 싶어 분노하지 못하고 속으로 삭이는
이 세상의 모든 분들에게, 이 시집을 추천합니다.
예고 없이 찾아오는 상실과 아픔에 직면하며, 그것을 삶에
담아 살면서도 새봄이 부르는 노래에 춤을 추며 입 맞추는
작가님의 마음을 함께 누리기를 바랍니다. 코코아 한 잔
들고 읽으시면 더 좋고요!

소재웅 작가님의 아름다운 엄마 김영희 님, 시간이 지나며
더 아름다워지는 사람이 될 수 있게 작가님의 엄마로 계셔
주셔서 감사합니다. 그 나라에 가서 뵈면 꼭 한번 안고
싶어요.

각자의 시간과 공간을 살아내다가
온전한 봄에 뵐 날을 기대합니다.

아신대학교 다문화교육복지대학원 초빙교수
늘함께교회 전도사 **박송아**

며칠 전 비가 오고 나니 사방이 온통 진초록이다. 파란
하늘에는 뭉게구름이 피어오르고 나뭇잎 사이로는
바람 소리가 반짝인다. 어느 것 하나 흠잡을 데가 없다.
'아, 이런 게 행복인가?' 하는 순간 밑도 끝도 없이 불쑥

올라온 공허감으로 마음이 뒤죽박죽 된다. 이어지는 막연한 분노는 가장 가까이 있는 남편에게 돌려지고 결국 깊은 상처로 마무리된다. 아들이 떠난 후 시도 때도 없이 반복되는 나의 일상이지만, 불쌍해 보일까 봐 감추고 억눌렀다.

아들이 떠난 후 나는 자살유가족이 됐다. 혼란스러웠다. 현실이 낯설고 세상이 어색했다. 그래서 남들이 나를 밀어내기 전에 내가 먼저 밀어냈고 어떤 시선에도 흔들리지 않으려고 버텼다. 안간힘을 써도 범벅이 돼 황망할 때 소재웅 작가를 만났다. 소재웅 작가는 달랐다. 목사, 자살 유가족, 작가라는, 어떻게 보면 조화롭지 못할 정체성인데 차분하게 직면했다. 그 엎치락뒤치락 과정을 엄마를 애도하는 네 번째 책 〈엄마의 봄〉에 차곡차곡 담았다. 그는 '상처입은 치유자(Wounded Healer)'가 됐다.

〈엄마의 봄〉을 읽으면서 내 일기인 줄 알았다. 누구에게도 들키지 않으려고 꼭꼭 밟아서 덮어뒀던 내 속마음과 너무 똑같았다. 다만 나는 감췄는데 작가는 솔직하게 토해냈다. 아무리 자살은 '말할 수 있는 죽음'이라고 해도 이렇게 솔직하게 나눈다는 건 쉬운 일이 아니다. 모든 사람이 나와 같지 않으니까. 그래서 놀랐고 고마웠다.

아들에 대한 변덕스런 내 마음이 〈엄마의 봄〉 곳곳에

있었다. 유가족의 마음이 비슷하다는 것을 알고 나니 '지금 내 감정도 옳은 거구나' 위로를 받았다. 나아가 작가는 엄마의 쓸쓸했던 봄에 새로운 봄의 생명력을 조금씩 조금씩 불어넣었다. 엄마의 봄을 죽음의 흔적보다는 희망의 언어로 기억하고자 했다. 작가의 언어는 그만큼 따뜻했고 힘이 있었다.

그렇기에 많은 자살 유가족들이 〈엄마의 봄〉을 읽는다면 큰 치유의 힘을 받을 수 있을 것이다. 고통이 아닌 사랑의 마음으로 내 마음 속 한 존재를 기억하게 할 것이다. 개나리꽃이 활짝 핀, 생명으로 가득 찬 봄을 갖게 할 것이다. 자살 유가족과 마음을 공유하고자 하는 독자들에게도 권하고 싶다. 애틋한 공감의 마음으로 서로 기대고 비빌 언덕이 되어 줄 것이라 믿는다.

이제 더 이상 쓸쓸하지 않을 '엄마의 봄'과 난생 처음 '생명으로 가득한 봄'을 경험한 작가 곁에 있다 보니 나에게도 새로운 봄이 손을 내밀고 있었다. 아니 내가 먼저 붙잡았다. 이제는 홀로 서려고 발버둥치지 않겠다. 그동안 외면했던 '연민'을 다시 내 봄날로 가져오겠다. 연민으로 남편과 나 자신, 자살 유가족들을 바라보니 더 이상 가련하지 않았다. 또 가련하면 어떠랴? 봄날의 생명들이 위로처럼 다가왔고 그 위로가 연민으로 자유로워졌는데.

故 이한빛PD 엄마 **김혜영**

태연한 벚꽃잎이 따뜻한 흰 눈 되어 그를 감싸 내립니다.
그의 눈길을 기다려 온 이파리 하나가 그의 마른 손끝에
전한 물방울이 데구르르 물길 내며 간지럽힙니다. 손닿지
않아 아쉽게 지나치는 그의 어깨에 저 위에 있던 개나리
한 송이 내려앉습니다. 이제 서너 명의 손님들, 그에게
도착합니다. 커다란 식탁에 둘러앉아 오후의 식사를
합니다, 물처럼 흐르는 대화 나누며.

그의 시선을 따라가게 해 준 덕분에 더 없는 '봄'으로 그와
함께 계시는 어머니를 뵐 수 있었습니다. 안녕하세요.
그리고 그는 더 이상 '그'가 아닌 '우리들'로 살아가고
있음을 느꼈습니다. 그러자 그분들께 여쭤 보고 싶은 것도
생겼습니다. 안녕하세요. 어떤 계절을 닮은 분이셨을지
궁금해요.

소재웅 작가님과 대화하는 시간을 저뿐 아니라 많은
이가 좋아합니다. 그가 입술로 꺼내지 않아도 상대를
향한 사랑과 존중의 마음을 간직한 사람이기에 그렇죠.
그런 그의 시를 통해, 바로 그이기도 한 '그분들'을
만나는 경험을 한 덕분에 더없이 귀한 장면을 간직하게
되었습니다. 감사합니다.
이제 제게 봄은 이전의 봄과 달라졌습니다. 그렇기에 그와
그분들의 더 많은 시를 읽고 싶습니다.

편집자 **김효진(르비빔 출판사)**

"장례지도사 일을 오래 하려면 죽음에 적응해야 해요. 죽음에 무뎌져야 이 일을 계속할 수 있어요. 죽은 사람 만나는 것을 무서워하면 이 일을 할 수가 없어요. 처음에는 무섭고 힘들지만 시간이 쌓이면 금방 익숙해질 거예요. 그 때까지만 잘 버티면 됩니다."

견습 장례지도사 시절 선배 장례지도사가 해준 조언이다. 그의 말을 듣고 말없이 고개를 끄덕였지만 끄덕이는 고개 끄트머리에는 묵직하고 끈적한 무엇이 묻어 올라왔다. 쉬이 떨어지지 않고 닦아낼 수도 없는 그것이 무엇인지는 상조회사 대표 장례지도사가 된 지금도 잘 모르겠다. 그러나 음습한 지하 영안실에서 죽은 사람을 계속 만나고 그 죽음들을 수습하면서 알게 된 것, 다짐하게 된 것이 있다.

'장례지도사이자 목사로서 무서운 것은 죽은 사람이나 죽음이 아니라 그것들에 무뎌지고 익숙해지는 것이겠구나. 목사이자 장례지도사로서 죽음과 죽은 사람에 무뎌지고 익숙해지면 나는 이 일을 더 이상 할 수도, 살아갈 수도 없겠구나.'

소재웅 작가의 詩, 〈엄마의 봄〉을 마음에 담으면서 고개가 다시 무거워졌다. 시와 시, 행과 행 사이사이에서 묵직하고 끈적한 무언가가 나를 잡아끌었기 때문이다. 그의 詩를 읽으며 나는 아직 채 녹지 않은 동토의 흙길을 걷고

있다. 차가운 봄 햇살에 날카롭게 부서진 얼음 조각들이
검붉은 진흙과 뒤엉켜 발길을 끌어당긴다. 쉬이 떨어지지
않고 닦아낼 수도 없는 그것들을 고개 숙여 가만히
내려다보다가 아직 끝나지 않은 겨울의 끄트머리에 그렇게
멈춰섰다. 나는 감히 이야기할 수 없는 그 봄의 노래들을
들으며 이 겨울에 함께 서 본다.

이 겨울이 언제 끝날지… 여전히 알 수 없지만. 설령
끝나지 않는다 해도 소재웅 작가와 함께 그리고 독자들과
함께 〈엄마의 봄〉을 기다릴 수 있다면… 무거운 고개를
다시 들고 발걸음을 이어갈 수 있지 않을까?

다시 그 죽음들과 더불어 살아갈 수 있지 않을까…

오롯이상조/오롯이서재 대표,
탐험하는교회 셰르파 목사 **이춘수**

작가의 말

2023년 봄,
나는 문득 '자살 유가족의 마음'을
산문이 아닌 운문으로 쓰고 싶다는 생각을 했다.

산문으로 가닿을 수 없는 그 어떤 지점을
'운문'으로 돌파해보고 싶다는 호기였다.

쓰다 보니 그건
산문과 운문 중간 어딘가에 선
애매한 글이 되기도 하였다.
'이게 과연 시가 맞나?'라는
쑥스러운 고민으로 잠시 멈추기도 하였다.

1년의 시간이 흘러
2024년 봄이 되는 순간,
그 고민으로부터 자유로워졌다.

아마도 그 자유로움의 획득은
'봄이 주는 생명'으로부터 왔을 것이다.
2024년 봄은 난생 처음 경험하는

'생명으로 가득한 봄'이었다.

그래서 이 책의 후반부에는
'자살 유가족의 마음'과는 아무 관련이 없어 보이는
생명으로 가득한 시들이 대부분이다.
(자세히 살펴보면, 관련이 있다)

마치 그 생명들은
2021년 엄마의 쓸쓸했던 그 봄날에 대한
위로처럼 다가왔다.

가끔, 엄마의 쓸쓸했던 봄을 떠올린다.

봄처럼 생명으로 가득했던 엄마와는
도무지 어울리지 않는 봄이었다.

어느새 엄마에 대한
네 번째 책이 나왔다.

그 모든 흔적들은 내 애도의 증거이다.
이 사적인 애도들이
보편적 의미를 드러내길 기대한다.

2024년 봄
아름다운 엄마 김영희의 아들 **소재웅**

시 詩

변덕쟁이

어디까지 내 분노의 불이 가득 차 있는지
알 수
없 다

내 슬픔의 바다가 얼마나 잠겨 있는지
알고 싶 지
않다 가늠할 수 없다는 막연함을 간직한 채

지금처럼 사는 것도 좋은 방법일 것이다

기어코 탐험해야 하는
그곳에 손을 뻗어
진맥을 짚어야 하는,

날아오는 당위에
난 진맥을 짚는다

당위를 던진 자들을
난 혐오한다

당위를 던진 자들을
난 사랑한다

위안을 구하면서
위안을 걷어내고 싶은

어디에도 속하지 못한
변덕쟁이.

「깊은 상실을 겪는다는 건 '변덕쟁이'가 된다는 것」

산수는 없다

유통기한 없는
슬픔의 생명력

절망
과
겸손
을 오간다

"저는 1년 되었습니다"
"저는 30년 되었습니다"

1년이 서른 번 흘러
30년이 된다지?

여기에 산수는 없다
뒤죽박죽 시간이 흐르고
너도 뒤죽박죽이었구나?
못난 모습 서로 확인하며

안도한다

「그래도 기어코, '안도'할 수 있다」

짝.짝.짝

강가에 천국이 있다 여긴
철없는 남성이

운전대 잡은 부부에게
적발되어서

간신히 연명하게 되었다고 하니
짝.짝.짝
가벼운 환호들이 부유한다

그 남성 기어코

다른 다리 따라
추락하였다

지연된 죽음을 두고
환호하는 자들이여!

1시간 후에 죽는 삶
2시간 후에 죽는 삶
3시간 후에 죽는 삶
10년 후에 죽는 삶

그 삶들 깊이 들여다보기를,
쉬이 내뱉어버린 그 환호
심히 가벼웠다는 걸
속히 깨달으리니.

「쉬운 환호 말고 깊은 접근이 필요하다」

3초, 딱 3초

작은 불꽃 하나
없더라고

주위 사람들
차가워져갔지

그런데 밉지
않았어

팽팽 세상이
돌고 있었지

오르락 내리락
내리락 내리락

23시간 59분 57초
정도였을 거야 그렇게 내려가고
내려가고 내려갔지

다 내려갔다고 생각했을 때
더 내려가야 한다는 생각을 했어

그런데 그 3초가 매일 있더라고

3초,

딱 3초였지

「난 엄마의 고통 속에서도 늘 그 3초가 있었을 거라 믿는다」

그치?

잃어버린 사람과
잃어버릴 뻔한 사람은

달라
하물며,

잃어버린 사람과
잃어버릴 뻔하지도 않은 사람은

얼마나
다르겠어, 그치?

그런데 말야,

잃어버린 사람과
또 다른 잃어버린 사람도

얼마나 다른지 말야,
겸손해지더라.

「상실이 때론 교만이 된다. 두려운 일이다」

다시 길목에 섰다

벚꽃이 왔다

봄
여름

경계선에서
엄마가 갔다

개나리도 왔다
딸이 외친다
아빠 개나리가 폈어

응 정말 개나리가 폈네

커피를 마신다
밖은 봄이다

난 다시 꺼내서
쓰고 있다

사람들이 웃는다

난 한없이 차분하다

젖소 한마리가
벽에 걸려있다

촌스러운 조명이
주렁주렁 쏟아진다

봄

여름

다시 길목에 섰다.

「매년, 그 길목에 서야 하는 순간이 있다」

멋없이

멋없이
울었지

30초, 그보다 좀 오래
울었을 거야

오십, 명.
진짜야.
오십, 명이 조금 넘었을 거야.

기다려주더라고

신비로웠지

그 그림을
잊을 수 없을 거야

「50명 앞에서 30초 넘게 울었던 순간을 잊을 수 없다」

그건 쉬운 길이야

'갑작스러운' 죽음은
없다고 말하는 자를 만났다

그래,
그 말도 틀린 말은 아니겠다

그런데,
갑작스러운 건 없다 말하는 건
쉬운 길이야

이건 말야
원인이 중요하지 않아

적어도
가족들에게 말이지

그런 분석이나 지적은
가족들에게 너무 아프거든

「'갑작스러운' 죽음이라고 인정해 주세요」

세 할머니

별로 특별할 것도 없는
봄 날 오후
세 할머니가 꽃 앞에 멈췄다

나란히 서서 꽃에 고개를
들이밀고 향기를 맡는다

아름답구나,

저건 아마도
무르익은 시간 후에 도달한 미(美).

길을 가다가 멈춰서
꽃향기를 맡을 수 있는 거구나

아름다워지는 데는
시간이 필요한 거구나

「아름다워지고 있다고 믿는다」

개나리, 연두색, 시냇물

떠난 사람
남겨진 사람

둘의 슬픔을
저울질한다

봄 햇살 아래
아빠 손잡고 듬뿍
사방을 둘러보며 신기해하는
우리집 아이처럼

그렇게 가뿐한,
마지막 걸음이었기를

개나리

연두색

시냇물

그 길을 환하게

걸어갔을 거라 믿어

「엄마의 마지막을 상상하곤 한다」

난 행복한 사람

"어느
늦은 저녁 나는
흰 공기에 담긴 밥에서
김이 피어 올라오는 것을 보고 있었다
그때 알았다
무엇인가 영원히 지나가버렸다고
지금도 영원히
지나가버리고 있다고

밥을 먹어야지

나는 밥을 먹었다."

한 강, 〈어느 늦은 저녁 나는〉

그래
어쩌면 그럴지도 몰라.

엄마와 살았던 시간은
김이 피어오른 것처럼
찰나의 순간이었을지도

그 찰나를
그래도 충만히 느끼며 살았으니
난 행복한 사람이겠지

피어오르는 흰 공기 속 김을
잘 챙겨야지

그렇게 살아야지

「엄마와 함께 존재한 시간 덕에 지금의 내가 존재, 한다고 믿는다」

시를 쓰며
특별히 슬프다거나
화가 나진 않았다.

그저 한 명의 유가족으로서
기록을 해둔다는 게

누구에게든
의미가 있을 거란 생각을 했다.

허영심

타인의 삶을 수집한다

눈물
분노
후회
자책

낮
밤

복수
용서

아빠
엄마

헛소리는 피해야 해

봄

여름

가을

겨울

그날
1달
10달
1년
2년
3년
.
.
30년

세월을 수집한다

상상한다
내가 갈 길을

다르게 가고 싶다
다를 수 없다는 걸 알면서도
다르게 가고 싶다

난 특별한 사람이니까

잘 이겨내고 있는 사람이니까
그래서 기여해야 할 사람이니까

슬픔에도
허영심이 끼어든다

「슬픔에도 허영심이 끼어들더라」

세미한 소리

빗소리에 서서

빗소리 사이에 흘러가는
세미한 소리를 듣는다.

들린다

정말 들려.

잔뜩 쌓인 갈색 빵들 뒤로
바랜 우산 들고 희끗한 중년 남성이
지나간다 현수막이 흔들린다

인생이 전보다
세미해졌다

현수막 흔들리는
작은 몸짓들은 하찮아 보인다
거칠어 보인다

무례해 보인다

세미한 소리를
소중히 여기는 사람을 만나고 싶다

그런 사람들을 나는

곁에 두고 싶다

「그 날 이후 나는 보다 섬세해졌다」

이제 난

가라앉는 자들을
멀리하고 불편해했다.

개조시키려 애썼다.

가급적
거리를
두었다.

이제 난
가라앉는 자들을
사랑한다.

「이해 못하던 자들을 이해한다」

얼씬대지 마

진리가 감히
유통될 수 없는 공간.

어설픈 옷을 입고
얼씬대지 마.

이곳에 와도
너에게 마련된 자리는 없어.

「거창하고 거대한 진리는 정중히 사양합니다」

색이 바랬다

나의 꿈은 색이 바랬다

변화

진화

변질

내 꿈엔 전보다 어둠이 끼어들었다

해맑은 꿈을 토해내자
두툼한 꿈이 자리잡았다

「나의 꿈은 전보다 진화進化하였다고 믿는다」

안다고 하지 마

난 호기롭게
외치기도 하였다.

"자살이 '말할 수 없는 죽음'이 아니라
'말할 수 있는 죽음'이 되게 하겠다"

이 또한
배려 없는 호기였을지도 모른다.

겸손해야 해.

나의 아픔으로
타인의 아픔을 가늠할 수 없어.

지옥을 안다고 하지 마.
지옥에 가보지 않았다면.

「지옥을 안다고 하지 마.
내게 하는 소리다」

우리가 우리를

나는 나를 용서한다는
말을 하지 않는다

그가 그를 용서한다는
말도 하지 않기를 바란다

우리 모두 우리가 누군가를
용서했다는 말을 하지 않기를 바란다

우리가
우리를

내가
나를

사랑하는 날만을 꿈꾼다.

「난, 용서라는 단어를 거부한다」

빛이 되는 슬픔

삼풍백화점에서
딸 셋을 잃은 아빠가 있다.

가늠할 수
없는

그의 아픔이 슬프다.

수천 가지 아픔들이
매일 탄생한다.

그 중 어떤 아픔은
세월을 견디고
사람들에게 전수된다…

그건
빛이 된다.

아픈 자들에게는
빛이 되는 것.

그에게
미안하다,

그래서.

「더 광대한 슬픔에 기대어 본다」

따뜻한 코코아

뭉게구름 송송
맥없이 걸려 있는

국가에 헌신한 영혼들을
기억하자고 만든 날에

노트북 앞에 앉아
자판을 두드리는,

가족은 역동적인 것이어서
우리 가족도 예외는 아니었으나

우린 대오 이탈한 자 없이
참으로 다행스럽게도

여지껏 살아냈다.

신의 도움인 걸까
신의 취향인 걸까

서둘러 카페를 열고 나에게
따끈한 코코아를 내려준 여사장님이야말로

소망의 원천이다.

「코코아가 때론 나를 구원하였다」

엄마의 천국

커다란 식탁.

서너 명의 아주머니들.

물처럼 흐르는 대화.

평화가 차오른다.

마음이 오간다.

내가 상상하는
엄마의 천국이다.

엄마는 이 정도면
충분한 사람이었다.

「엄마의 천국은 대단한 게 아니었다」

계속해서 쓰고 싶었다.

자살 유가족의
섬세한 마음을
표현하는 게 나의 몫이라는,
나의 몫이어야 한다는,

교만함과
호기로움과
착각,

그리고 사랑
그 사이 어딘가에서.

난, 나를 느낄 수 없다

엄마 이야기를 한다.

이야기를 듣는
네가 울고 있다.

네가 우는 걸 보는 나는
고개를 돌려 이어간다.

슬쩍 너를 살핀다.

너는 나를 느꼈다.

난, 나를 느낄 수 없다.
나를 느끼는 너희들을 보며
너희들의 총합으로

비로소 나를 느낀다.

「나를 느껴주는 너를 느껴야 하는 슬픔」

저는 엄마를 자살로 잃었어요

"저는 아버지와 누나를
자살로 잃었어요."

감당할 수 없는 세계가
내 곁에 왔다.

가늠할 수 없는 그 세계가
낯설고 어렵다.

한 발자국 가까이 다가선다.

"저는 엄마를 자살로 잃었어요."

내가 건넬 수 있는 유일한 위로를 건넨다.
그와 내가 연결된다.

다른 방법은 없는
순간.

「거대한 슬픔에 소박한 슬픔으로 응대한다」

뚝배기

윤기가 흐른다
탁자 위 뚝배기에 순두부가
가득 얹혀져 두 그릇 탁자를 꽉 채운다.

마주보며 앉은 두 남자가
순두부 한 번 보고
반찬 한 번 보고
누군가는 물을 따르고
또 누군가는 숟가락 젓가락을 놓는다.

한 남자가 살아온 이야기를 꺼낸다
나는 신문기자가 되는 게 꿈이었어요
나는 신문기자가 나랑 어울리지 않는다는 걸 깨달았어요
목사가 되었어요
작가로 살고 싶더군요

제 인생에 결정적인 일이 벌어졌어요

엄마가 스스로 세상을 떠나셨어요

그러고 나서 제 모든 시각 철학이 바뀌었죠

이건 저의 정체성이나 다름없어요

텅 빈 매너로 가득찼던 대화가
뚝배기처럼 두툼해지기 시작한다

아, 그렇군요…

이 얘기를 괜히 한 걸까,
아니야 안 하고선 피해가는 거 같아서

대화한 거 같지 않아서
이제는 하는 게 좋아

「피할 수 없다. 난 그렇다」

미안하셨구나

엄마를 보았다.

엄마는 차분해 보였다
슬퍼 보이기도 했다

아버지가 출근하는 아침
엄마는 아버지를 바라보았다
안쓰럽다는듯이

아버지는 누구를 바라보았는지 모른다

꿈에서 생각했다
엄마랑 계속 같이 살고 싶다고

꿈 너머 현실을
꿈 속으로
끌고 와서,

꿈 속에서 꿈을 꾸었다

꿈 속에서 꾸는 꿈은
그저 꿈이란 것도

꿈꾸며 알았다

안도했다

엄마는 아버지에게
미안하셨구나

우리 곁을 떠나던 날
누나 꿈에 나와 환하게 웃었다던 엄마는

2년을 보내고
아들의 꿈에 나왔다

아버지에게 나의
꿈을 가공하여 전한다

아버지는 아쉬워한다

아버지 앞에 오려면 아직
엄마는 시간이 필요한가 보옴.

엄마의 눈빛으로
엄마의 지연된 방문을
이해하게 되었으니

진실은 시간을 타고
끊임없이 생명을 얻는다.

「꿈을 원하는 자에게
꿈이 오지 않는 신비」

슬픔을 배려하는 슬픔

추석 연휴가 간신히 흐려질
때쯔음

두껍고 차분해 보이는
위태위태한 답답함이 들어선 목소리가

날아왔다.

아들 한 명이 또 다른 아들 한 명과
아버지 한 분과 어머니 한 분을 두고
생을 벗어던졌다는 이야기.

고개 들어 푸른 나무를 본다.
산책하는 사람들이 지나간다.
그들은 양팔을 힘차게 휘젓는다.
앞만 보고 걸어간다

오직
앞만 있는 사람들처럼 보인다.

계속 듣는다.

또 다른 아들 한 명은
어머니와 아버지가 빼앗겨버린
생의 에너지를 슬퍼한다.

왜,
그는 그를 슬퍼하지 않는 것일까.

그가 그를 슬퍼해야 함을
넌지시 알려준다.

그러나

슬픔을 배려하는 슬픔.
난 이것이야말로
아름답다 여기기로 했다.

「슬픔을 배려하는 슬픔에 대하여」

우린 잃었고 우린 얻었다

상실을 써보겠다고
노트북을 굴려본다

추운 날
가족을 피해 노트북을 켜고
상실을 적는다

예수가 세상에 왔다는 날
쌩뚱맞은 절박함으로 노트북을 펼친다

자판이 차다

차디찬 자판을 눌러야 하는
당위 같은 건 없다

아버지는 침대에 누워 계시고
아이들은 뛰어놀고
곧 있으면 외식을 간다

지극히 평화로운 그 시간
나는 노트북을 켰다

떠올린다
그가 존재했던 시간들
그가 부재해온 시간들

내 삶의 비중을 끌어안고
여전히 그는 살아 움직인다

내 삶의 모든 행위들에
근원적 생명력이 되어준

죽음
아픔
슬픔
아쉬움
서러움

그렇게 얻고 싶었던
삶을 향한 에너지가 왔다

상실

상실 너머
밀려오는 거대한 생명력

우린 잃었고
우린 얻었다

「얻었다고 환호하지 말 것
잃었다고 절망하지 말 것」

겸손한 겁쟁이

영원히 살 거라 확신에 찬
존재들을 나는

가까이하기 어렵다

볼품없는 저 겨울 나무가
영원히 살 거라 행복에 찬
존재들보다 100배는 더

질기게 살아갈 것.

상실의 가능성을
모두 열어둔 채 살아가는 건

멀끔한 현자가 아니라
약해빠진 겁쟁이가 되는 것

난 겁쟁이다

두 번째 상실
세 번째 상실이

오늘 밤에 올지도 몰라 떠는
겸손한 겁쟁이

「가능성이 활짝 열렸다」

상실의 문턱

상실의 문턱에 선
가족들은 절망한다

상실이란 허들을 넘어선 자들이
아무도 없음을 안다

그것은 계절이 순환하듯
무덤하게 밀려오는 쓰나미다

상실의 문턱에 선 자들은
상실 그 후를 두려워한다

상실의 문턱에도
서보지 못한 자들은

상실의 문턱마저
부럽다

「상실 사이에서도 부러움이 흐른다」

그것밖에 난 모른다

"10년이 지났는데 아직도 그때로 돌아가요"

나도 모르는 이야기가 들려온다
물에 젖은 한 젊은이가
나의 에너지를 앗아간다

물에 젖은 그 젊은이에게 해줄 말이 없다
난 어리석은 자이므로

목사
자살 유가족
작가

범벅이 된 이 세 가지 정체성으로 인해
난 힘을 얻었다

아는 거 하나 없다
아무 것도 모른다 해야 한다

그게 양심이다

저 밖으로 들리는 차 소리

음악 소리
불안한 마음

탁탁탁 들리는 자판 소리
마지 못해 먹는 녹차 한 잔

소박한 잔기침들

내가 처리해야 할 지루한 일들

그것들이 존재한다는 것
그것밖에 난 모른다

「그것밖에 모르는 나에게 버거운 이야기들이 들려오곤 한다」

괜찮아, 계속 써

"이젠 엄마를
놓아주는 거 어때요?"

깨끗한 창 너머로
은행나무 한 그루
두 그루
봄을 기다린다.

나무 끝 엄마 얼굴을
떠올려본다.

웃는다

괜찮아,
계속 써.

너가 쓰는 건
너의 사랑이니까.

「이것은 결국 사랑이라는 '변명'이다」

오래 살 자격을 묻는다

횡단보도

사람들

중년 여성들

엄마가 도달했을 그 지점에
선

여성들을 본다

그들이 엄마보다 하찮아 보인다
그들이
더
오래 살
자격을 묻는다

「조물주도 아닌 내가 자격을 묻곤 한다」

슬프다 할 수 없다

겨울이 간다
봄이 온다

메마른 의자에 앉아
시를 쓴다

나의 시를 건넨다

그가 턱을 내리며 걱정한다
나의 슬픔
엄마의 슬픔을
걱정한다

난 슬프지 않다

쓸 수 있는 내가
어찌 슬프다 말할 수
있을, 까

쓰고 있음
그건
살아있음

살아있는 자
슬프다 할 수 없다

「쓸 수 있다는 것이야말로 거의 유일한 생명이다」

떼구르르르르

나뭇 가지 끝

물방울
하나

물방울
둘

팔 뻗어
물방울 끝
검지 손가락 댄다

손가락 지문
길 삼아
물이 떼구르르르르,

겨울 너머
마른 가지들

저 물방울들
하나 둘 셋

빗줄기가
주고 간

생명 한 방울
두 방울
세 방울

「언젠가부터 이파리 끝 물방울이 눈에 들어왔다」

시를 쓰려고 애쓰는 게 아니라

내가 쓴 게 시이면
시이고

내가 쓴 게 에세이이면
에세이인 것이었다.

'장르의 틀'이라는
어색한 진지함으로부터 자유로워졌다.

의도적인 글이 아니라
나의 희로애락을 자연스럽게

풀어내야 함을 알았다.

이런 깨달음이 왔을 때 즈음
긴 겨울이 끝나가고 있었다.

더이상 유가족의 마음을
담은 글을 쓰고 싶지 않았다.

겨울 끝에서 밀려오는
봄이 눈에 들어왔다.

쓸쓸했던 엄마의 봄이 가고
생명으로 가득했던 그 엄마의 봄이

밀려오는 거 같았다.

난 매일 생명을 느꼈다.
아주 작은, 가지들과
새싹들과

새들로부터.

결국, 아주 아주
작은 것들로부터.

우리 막내야

막내 어린이집
졸업식

첫 마침표

막내 보고
호호 하하
깔깔

흰 눈
아주 깨끗한 흰 눈

그 눈처럼
맑은 웃음
한아름 주어 고맙다

막내야 우리 막내야

한 가지 두 가지

성실하게
가지를 나른다

제 몸 보다
조금 짧은

그 나무 들고
힘차게 올라

한 가지
두 가지

보금자리 빚어간다

그래 까치야

너를 보며 배운다

지금 내 걸음
작고 작지만

한 가지

두 가지

빗어가련다.

사랑할 것이며 노래할 것이다

봄이 온다

겨울은 겸손하다
자리를 내주고

봄을 안내한다

나뭇가지
하나 둘 셋

온 몸이 빛난다

하,
공기마저 빛.난.다.

겨울 후
그 봄

소망이 차오른다

사랑할 것이며
노래할 것이다

춤출 것이며
입맞춤 할 것이다

봄이 왔다

살아라

초코파이 댕강
절반 즈음 물고

통통하게 살이 오른
초등학생 지나간다

너는 순수한
탐욕貪慾

하얀색 트럭에 앉아
한 손으로 핸들 잡고

한 손에 빵 들고
전방을 바라보는 남자,

그것은 열정

살아내겠다는
처절한 의지

트럭 밖으로

새어나오는

뭉클한 오후 식사

살아라

그가 움켜쥔 빵을
보아라!

그가 걸어온다

우리 아파트에는
다리를 저는 분이 있다

일주일에 단 한 번
분리수거날 그를 만난다

음식물 쓰레기를
아슬하게 들고 온다

어느 날
아침 맑은 날

저 멀리 그가
한 여인과 걸어온다

난 왜 그가
한 여인의 남편이라고
미처 생각하지 못했을까

그는
행복한
사람이었다

지겹게 살자

해 질 즈음
정신이 들었다

단 하루가
우린 얼마나 버겁던가.

서늘한
봄 바람 아니었다면

누운 채로
하루를 보냈을 것이다

해 질 즈음
꿈을 꾼다

살자

지겹게 살자

지겹게 더 지겹게
살 자

너를 칭찬한다

은행나무 몇 가지
숨죽여 흔들린다.

봄으로 가는
길목에 서서

최후의 추위를 받아낸다.
너를

칭찬한다.

시간만이

침묵.

오직
시간만이 침묵을

뚫고
부지런히 소망을

내게
한결같이 전했다.

행복이 왔다

봄 길들
사람들이 간다

세상의 봄으로
난

충분히 행복하지 못하다

하,

봄 길 변두리
세 그루 민들레

너희들이
그곳에 있었구나

세상의 봄이
주지 못한

행복이 왔다
불현 듯

너희 덕에

씨앗 되어

혹독하게,

시들어갔던
엄마의 봄이

다시 피어난다

두고간

웃음
사랑
헌신

눈물

그 모든 것들
씨앗 되어

개나리 가족들

개나리
손 닿지 않는

저 개나리들
손 닿지 않어

아쉽건만,

나의 걸음
재촉하기엔

충분한
저 개나리 가족들

봄이 왔다
봄을 맞으라

나를 보라

개나리 한 가족들
날 보며 외쳐준다

선생님의 언니 같은 분

선생님의 언니
같은 분, 그러니까

신이 특별하게
창조하신 존재들이 있어요.

우리 모두는
평범하지만, 그렇게
평범하게 살아가지만

그 중에서도 특별한
존재들이 분명 있단 말이죠

좀 더 견딜 수 있고
좀 더 사랑을 베푸는,

그렇게 아름답게 살아가는
사람들이 있단 말이죠

선생님, 언니 같은 분이
천국에 계시지 않는다면

과연 누가 천국에 계실까요?

「스스로 생을 마감한, 그녀의 언니가 천국에 있을 거라
난, 확신한다」

흘러, 굴러 간다

멈추었다

억지로 고개 들어
하늘을 바라본다.

포개진 나무 잎들
너머 하늘이 굴러간다

영화처럼
바람처럼

흘러
굴러 간다

개나리 하나, 둘, 셋

안 녕

너도 안녕

그래, 너도 안 녕!

개나리 하나
개나리 둘
개나리 셋

개나리 하나 하나
내 눈에 들어온다

뭉클한 봄 아침

참새 한 마리

하마터면
뺀할 뺀했던

수풀 속 개나리들

뺀하지 않았던 건
살포시 앉아있 던

참새 한 마리
덕분

해 질 무렵

해 질 무렵

차 소리가 커진다

그 소리가
경쾌하게
신명나게 들린다면

살아갈 이유는
충분하다

초록이 왔다

초록이
눈처럼 왔다

초록이
햇살처럼 왔다

그렇다면,
살자!

봄이 흘러간다

벚꽃 잎이
사방으로 흩날린다

그 중 어느 것 하나
나에게 오지 않았다

벚꽃도 무심하고
나도 무심하다

봄이 흘러간다
태연하게,

벚꽃 잎 흩날리며.

흠뻑,

비 오는 아침
진짜 초록이 핀다

흠뻑 젖은
저 초록, 초록들은

얼마나 당당하게
물을 마시고 있는지.

나도 나가
흠뻑, 걷고 싶다.

아빠는 안 아파?

막내 싣고
씽씽카 붕붕붕

턱- 하고 걸려
슝- 하고 날라
바닥에 철퍼덕.

미안해 미안해
아빠가 미안해.

아빠의 겸손한 사죄
듣고 또 듣던 막내

아빠는 안 아파?
아빠도 넘어져서 아프잖아.

작가의 매듭말

우리는 다시 쓰며,
다시 산다.

쓰던 중 몰려온
봄의 생명은
뜻밖의 선물이었고

살아갈 용기를 주었다.

천국에서 비로소
완벽한 봄을 맞이했을

봄처럼 빛나는 엄마를 그려본다.

상실, 그 후를 살아가는
모든 분들에게 이 책을 바친다.

2024년 여름
작가 **소재웅**

엄마의 봄

엄마의 쓸쓸했던 봄, 3년 후 그 위로 밀려온
아들의 새로운 봄

초판 1쇄
2024년 6월 28일 펴냄

지은이
소재웅

북디자인
이정민 D_CLAY
instagram • @dclay_design

인쇄
일리디자인

펴낸곳
도서출판 훈훈
경기도 고양시 덕양구 소원로 267
instagram • @hunhun_hunhun
email • toolor@hanmail.net
blog • blog.naver.com/toolor

ISBN 979-11-983804-9-4 (03800)